金文与青铜时代

◎ 主编 金开诚

◎ 编著 杨 杰

吉林出版集团有限责任公司

吉林文史出版社

图书在版编目（CIP）数据

金文与青铜时代/杨杰编著.—长春：
吉林出版集团有限责任公司:吉林文史出版社,2010.11（2023.4重印）
ISBN 978-7-5463-3974-0

Ⅰ．①金… Ⅱ．①杨… Ⅲ．①青铜器（考古）－中国
－通俗读物 Ⅳ．①K876.41—49

中国版本图书馆CIP数据核字(2010)第205560号

金文与青铜时代

JINWEN YU QINGTONG SHIDAI

主编/ 金开诚 编著/杨 杰
项目负责/崔博华 责任编辑/崔博华 梁丹丹
责任校对/梁丹丹 装帧设计/李岩冰 刘冬梅
出版发行/吉林出版集团有限责任公司 吉林文史出版社
地址/长春市福祉大路5788号 邮编/130000
印刷/天津市天玺印务有限公司
版次/2010年11月第1版 2023年4月第6次印刷
开本/660mm×915mm 1/16
印张/9 字数/30千
书号/ISBN 978-7-5463-3974-0
定价/34.80元

前　言

　　文化是一种社会现象，是人类物质文明和精神文明有机融合的产物；同时又是一种历史现象，是社会的历史沉积。当今世界，随着经济全球化进程的加快，人们也越来越重视本民族的文化。我们只有加强对本民族文化的继承和创新，才能更好地弘扬民族精神，增强民族凝聚力。历史经验告诉我们，任何一个民族要想屹立于世界民族之林，必须具有自尊、自信、自强的民族意识。文化是维系一个民族生存和发展的强大动力。一个民族的存在依赖文化，文化的解体就是一个民族的消亡。

　　随着我国综合国力的日益强大，广大民众对重塑民族自尊心和自豪感的愿望日益迫切。作为民族大家庭中的一员，将源远流长、博大精深的中国文化继承并传播给广大群众，特别是青年一代，是我们出版人义不容辞的责任。

　　本套丛书是由吉林文史出版社和吉林出版集团有限责任公司组织国内知名专家学者编写的一套旨在传播中华五千年优秀传统文化，提高全民文化修养的大型知识读本。该书在深入挖掘和整理中华优秀传统文化成果的同时，结合社会发展，注入了时代精神。书中优美生动的文字、简明通俗的语言、图文并茂的形式，把中国文化中的物态文化、制度文化、行为文化、精神文化等知识要点全面展示给读者。点点滴滴的文化知识仿佛颗颗繁星，组成了灿烂辉煌的中国文化的天穹。

　　希望本书能为弘扬中华五千年优秀传统文化、增强各民族团结、构建社会主义和谐社会尽一份绵薄之力，也坚信我们的中华民族一定能够早日实现伟大复兴！

目录

一、青铜的特点

青铜时代也称青铜器时代或青铜文明，在考古学上是以使用青铜器为标志的人类物质文化发展的一个阶段。青铜的大量出现，青铜器物的广泛应用，使得人类古代文明在这一段历史时期得以大跨步地前进，呈现出辉煌灿烂的繁荣景象。青铜时代是由丹麦考古学家G·J·汤姆森首先提出来的人类物质进化史上的分期概念，他认为世界上所有的古老文明都经历了石器时代、铜石并用时代、青铜时代和铁器时代。

那么，什么是青铜呢？所谓青铜，是指红铜和锡或铅配合而熔铸成的合金，因为颜色呈青灰色，故名青铜。由于是合金，青铜的熔点比纯铜（红铜）低，熔点在700℃—900℃之间；而就硬度来说，青铜又比纯铜高些，为铜或锡的二倍多。熔化的青铜在冷凝时的体积略有胀大，所以填充性较好，气孔也少，可见，比纯铜

的铸造性能要好。因此青铜铸造业飞速发展起来。青铜主要用来制作器具和生产工具。青铜铸造的工具具有一些红铜工具所不能担任的功用，它逐步取代了一部分石器、木器、骨器和红铜器等原始工具，而成为生产工具的重要组成部分。也是由于青铜器的出现，农业和手工业的生产力水平大大提高，物质生活条件也渐渐丰富，进而促进了社会各方面地快速发展。可以这样说，青铜生产工具的出现，在生产力的发展上起了划时代的作用。从此，虽然石器没有被完全淘汰，但石器时代终于被青铜时代所代替。

二、中国的青铜时代

(一) 中国青铜时代分期

中国的青铜文化起源于黄河流域，距今约四千年至两千两百年，大体上相当于中国历史上的夏、商、西周三代和春秋时期，有一千五百多年的历史。中国青铜时代的发展、演变伴随着中国奴隶制国家的产生、发展及衰亡。由于青铜时代的年度跨越较大，因此要进行分期研究。有学者把中国青铜时代从商周至战国划分为鼎盛期、颓败期、中兴期、衰落期四个阶段；也有学者将这一时期划分为殷商前期、殷商后期、西周期、东周前期、东周后期五个阶段。中国地域辽阔，各地的青铜文化也各有自己的特点和风格，形成各自不同的地区类型。这里把中国的青

铜时代简单地分为早、中、晚期发展阶段进行介绍。

1.早期：中国的青铜文化开始于四千年前，甘肃的齐家文化曾出土铜刀、铜凿、铜锥、铜斧、铜镜、铜指环、铜匕等铜器产品，应该是中国制造的最早的铜器（还有说是甘肃马家窑文化）。这一时期的典型文化是河南偃师二里头文化，年代大约在公元前2080年—公元前1580年间。加上山西夏县、山东岳石文化、辽宁长城东边的夏家店下层文化、黄河上游的四坝文化等，这几处地方都相继出现了品类繁杂的青铜制品，甚至在一些墓葬中还发现了人殉和人牲。对上述遗址进行放射性碳素断代年代测定，其结论正好在历史记载的夏王朝纪年范围内，所以这些遗址应属于夏王朝时期的奴隶制文化类型，证实了中国奴隶制国家当时已经形成。

2. 中期: 包括商代至西周前期。此时期的前一段, 即商代早期, 大约相当于公元前16世纪—公元前13世纪, 以河南郑州二里岗文化为代表, 辉县的琉璃阁、洛阳的东干沟等殷商时期的遗址也属于这个时代。此时期奴隶制国家进一步发展, 青铜器数量大增, 常伴有成套礼器、贝币

的大量出现，人殉、人牲更为普遍。根据
最新的发掘成果，中国南方在商朝前期
也进入了青铜时代，最有代表性的是湖
北武汉的盘龙城遗址、湖南长沙的炭河
里遗址、江西新干大洋洲商代大墓等出
土的青铜器，证实了长江流域也有发达的
青铜文明。后一阶段，是商代晚期至西周
前期，大约相当于公元前13世纪—公元
前10世纪(穆王以前)。商朝后期，以安阳
的小屯村为中心，郑州公园区的上层、洛

阳的泰山庙遗址和墓葬属于这个时代；
周朝前期（即西周），西安市丰镐村地
带、宝鸡西周时期的墓葬是这一时代的
主要代表遗址。此时的中国青铜时代达
到鼎盛，同时也是奴隶制发展的巅峰时
期。这时的青铜文化以安阳殷墟为代表，

这里是商王朝政治统治的中心，也是青铜铸造业的中心。此时兴建了大规模的宫殿及陵墓，有发达的金文与甲骨文，人殉与人牲成为一种制度极为盛行，凡此种种反映出奴隶制社会的繁荣。整个中期的时代特征是青铜铸造工艺已完善得

相当成熟，从出土的大量精美青铜礼器、武器与工具中可见一斑。在西周的周原遗址和丰镐遗址中，发掘出周王朝的宫殿、宗庙和墓葬以及大量的青铜礼器，反映出中国古代社会的礼制已成熟。

3.晚期：从西周后期至春秋时期，是中国奴隶制社会逐渐走向衰落的阶段。春秋时期，以洛阳涧滨为中心，上村岭虢

国墓、新郑郑墓、寿县蔡侯墓是这个时期的代表；战国时期，以洛阳涧滨为中心，辉县琉璃阁、固围村，长沙和唐山的战国墓地属于这个时代。这一时期的列国都城形成繁荣的政治经济文化中心，金属货币大量流通。青铜铸造工艺取得突出发展，出现了分铸法、失蜡法等先进的工艺技术。在湖北铜绿山发现的古铜矿，证实了我国古代在采矿、配矿、冶炉砌筑及冶炼方面均达到较高水平，领先于世界同期其他民族。到了战国时期，随着铁器的推广，青铜制造业才逐渐衰落。

当时在中国的边远地区，还同时存在着几处具有地方特色的青铜文化。如甘青地区，民族杂居造成文化复杂多样，产生了辛店文化、沙井文化与寺洼文化等，其中寺洼文化与西周文化有密切的渊源关系；而在北方地区有夏家店上层文化，出土的青铜短剑具有地方特色，出土的青铜礼器还带有相当浓厚的中原文化特征；从商周至秦汉，在内蒙古鄂尔多斯草原流行着鄂尔多斯式青铜器；东南地区的浙江、福建至台湾等地，直至西

周末期才产生青铜文化，出土的青铜武器等与西周风格十分相似；两广、四川、云南等地区的青铜文化，既有地方特征，又有中原文化的风格。总之，各地区的青铜文化不同程度地受到中原青铜文化的影响，同时具有本地的特色。此外，中国的青铜文化在发展过程中，还与周围的文化存在着广泛的交流，如曾与北方蒙古大草原和西伯利亚的青铜文化有过接触，晚期与东南亚青铜文化一直存在密切联系。

（二）中国青铜时代的特点

中国的古老先民用其勤劳与智慧在青铜时代创造了独步世界的青铜文化。

青铜主要用来铸造礼器和生产工具。作为生产工具，在商前期的炼铜遗址中发掘出来的可辨认的铸范中，镢范为数不少，虽然青铜的生产工具在早期的随葬物中较少，但我们在出土的商初青铜器

中，仍看到生产工具占相当比重，说明在
商代的手工业中，青铜工具如斧、锯、凿、
锥等已广泛使用，青铜兵器也日益增多。
至于青铜农具，虽然奴隶主不会为奴隶
们提供，但在当时，还有一部分作为自由
民的农民，他们都会拥有。历年出土的青
铜农具有锄、铲等，这说明青铜地大量使
用主要还是制作生产工具。青铜工具在
生产中的效用，使青铜冶铸技术日益重

要，因而能获得飞速地发展。人类在石器时代是单纯以岩石为原料制成工具去改造自然。青铜冶铸业地出现，表明人类能够从矿石中提取金属，再用它去制造工具，用于改造自然。这是生产力发展到一个新阶段的标志，也是科学技术进步的一个重要标志。青铜业地发展，又促使百工出现，并带动各个行业一起兴盛起来。商代社会，正是由于青铜业地发展，才创造了灿烂的青铜文明。

此外，中国青铜器还带有特殊的社

会发展印记。这是中国青铜时代不同于
世界其他国家青铜时代的独特之处。其
独特性主要表现在两个方面：

第一，中国青铜时代与世界其他国
家的青铜时代一样，青铜不仅用于铸造
工具、生活用具、装饰品，还被大量地用
来铸造武器。但值得注意的是，青铜武器
在作为中国青铜时代开端的二里头文化
时已出现，正与历史文献记载的第一个
王朝——夏王朝存在的时间相应，因此
学者们相信，在中国青铜武器地出现亦

意味着作为国家机器的军队的建立。这说明，在中国青铜时代，青铜器不仅应用于物质生产，也直接影响到了社会政治层面。

第二，大批的青铜容器被用作礼器，这是中国青铜时代青铜器与社会政治密切相关的另一重要特点。从出土和传世的大量青铜器可见，古老的块范铸造技术在远古的中国已经发展到了登峰造极的地步，对青铜的铸造工艺如此重视，说明青铜器在中国先民的生活和精神体系

中占据着举足轻重的地位。可以这样说，
古代青铜器与青铜工艺地演化，不仅是
中国人的物质进化史，更是中国人的精
神进化史。

　　现有的文献与考古资料可以显示，
在商周社会成员中存在着
严格的等级制度，在贵族
与庶民间等级制度已发展为
阶级差别。在贵族阶级内部，不同等级
的贵族则依其等级高低而具有不等
的政治权力与经济地位。等级制度的
区分是为了保证贵族阶级对庶民
的统治，对贵族来说也是为了
使政治、经济利益在统治阶
级内部能够得到有序地分
配。在贵族宗族组织内，
等级制度与宗法制度相
关联，成为维护宗主对族
人统治地位的工具。此种
等级制度是通过多种具体

的仪式化的行为规范体现出来的，东周以后，贵族阶级将此种反映等级制度的行为规范称为"礼"。

古代文明体制的核心，即所谓的"礼乐征伐自天子出"以及"国之大事，在祀与戎"，无不与青铜文化有着千丝万缕的联系。《左传》宣公十二年记晋随武子论礼治曰："君子小人，物有服章，贵有常尊，贱有等威，礼不逆矣。"其大意是说：君子小人按其地位的高低各有不同规定的衣服、色彩，贵者有一定的制度仪节示以尊重，贱者则有一定的等级示以威严，这样的礼不能随意违背。尽管这是东周时的"礼"，但礼的实质性内容在东周以前的西周、商代，甚至更早时候即已出现，只是不同的时代有不同的表现形式而已。在这种等级社会中，一部分青铜容器被用于贵族间各种礼仪活动，为维护礼治服务，成为礼治的工具，故被称为礼器，主要是用于贵族的婚媳、宴享、

朗聘、会盟等活动，或专用以铭功
颂德，这一类不在少
数。青铜材料的
稀有和青铜
铸造工艺的
先进性，使得它

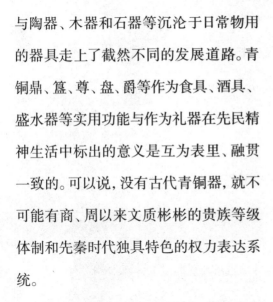

与陶器、木器和石器等沉沦于日常物用
的器具走上了截然不同的发展道路。青
铜鼎、簋、尊、盘、爵等作为食具、酒具、
盛水器等实用功能与作为礼器在先民精
神生活中标出的意义是互为表里、融贯
一致的。可以说，没有古代青铜器，就不
可能有商、周以来文质彬彬的贵族等级
体制和先秦时代独具特色的权力表达系
统。

　　礼器的用途多是用于祭祀这种礼仪
活动。祭祀是向神灵求福消灾的传统礼
俗仪式，也意为敬神、求神和祭拜祖先，
是沟通人、神，使人间秩序神圣化的中
心环节。青铜器在祭器中占据了很大份

额，是贵族宗室内部族长和作为天下"共主"的天子主持祭祀必备的礼器。对于王与诸侯之类国家统治者，如《左传》成公十三年所言"国之大事，在祀与戎"，祭祀祖先以及其他神祝是维护政治统治权力之保障，各级贵族尤其重视祭祀家族先人以庇护自己的家族。同时，在贵族宗族组织内部作为大小宗的各级族长也以主持祭礼作为强化宗主权力的手段，族人之间以参加祭科作为敦睦亲族情谊的方式。

青铜礼器既被作为礼治的象征物，则各级贵族在使用礼器的种类、数量上一般都是有较严格限制的，种类与数量的多少也就标志着贵族等级的高低。所谓"钟鸣鼎食"，即表示了家族人丁兴旺、仆役众多的庞大场面。所以拥有青铜器物的多寡成为贵族显示自己身份高贵的标志。在当时的社会生活中，人们的观念是"事死如事生"，贵族死后一般亦要

将本人生前所用的礼器随葬，使他得以在阴间使用。这也属于葬礼的一部分，故从随葬青铜礼器的多少亦可推知墓主人生前的等级地位。

在当时，青铜礼器不仅可以标志贵族个人的等级地位，作为古代礼治社会政治、经济权力的象征，王、侯所制造的鼎、簋也被视为国家权力合法性的来源。传说大禹"收九牧之金，铸九鼎，铸鼎于荆山下，各象九州物"是一匡诸侯、统治中原的夏王朝立国的标志。而"夏后氏失之，殷人受之；殷人失之，周人受之"，则是表明每一次王朝的代兴，"九鼎"便随之易手，流转到不同的统治者手里。《左传》旺公三年记楚庄公向周定王使者"问鼎之大小、轻重焉"，即把九鼎看做是周王朝政权的同义语，使得"问鼎"一词成为觊觎国家权力或泛指试图取得权威支配性的经典说法。此外，当时消灭一个王朝或诸侯国，往往要"毁其宗庙，迁其重器"(《孟子·梁惠王下》),这里所说的重器即主要是指王室或公室宗庙中的大型青铜礼器,足可见青铜重器被看做是与宗庙并为国、族存立的象征。

另有一个小故事则表明青铜器一直被视为尊贵的宝物。青铜器常自铭为"宝尊""宝鼎",汉代就把青铜器的出土视为"祥瑞"之兆。据《汉书·武帝纪》记载,汉武帝"因得鼎汾水之上",竟将年号改为"元鼎"。若从汉武帝把铜鼎奉为神物这一历史性事件算起,中国人收藏青铜器的历史已长达两千余年。

综上所述,中国青铜时代的特点,即是青铜器的重要性不仅表现于它在社会物质文化发展中的重要作用,而且突出地表现在它对社会政治生活地巨大影响。一方面青铜被大量铸作为武器,因而与国家机器之一的军队的存在相联系;另一方面青铜容器被贵族用作礼器,成为维护等级制度的工具,甚至被作为政

权的象征。从这个意义上讲，确实可以说"中国有铜时代的最大特征"即是著名学者张光直先生所言的"青铜便是政治和权力"。

在青铜时代，中国已有了发达的农业和手工业，并且汉字也已经发展成熟。中国是世界上铁器和青铜器发明较早的地区之一。中国青铜时代和早期铁器时代的青铜艺术品，显示了绵延一千五百多年中国青铜器的萌生、发展和变化的历史。

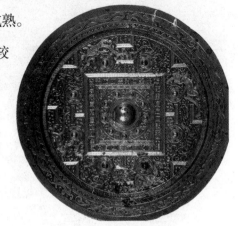

（三）中西方青铜文化的联系与区别

根据考古发现，西方最早进入"青铜时代"的历史有六千多年。而中国进入"青铜时代"的历史只有四千多年，从表面上看，这似乎意味着中华文明应该晚于西方。然而许多史学家却坚信"中华文明早于西方"的说法，这又是怎么回事呢？

对于这种现象，文化人类学家、民

俗学家林河先生曾给过这样的解答，他认为"发现"与"理解"是不能画等号的，"发源"与"文明"也是不能画等号的。举个例子，有一个勘探队员在某地找矿，看见几个小孩在玩"斗石头"的游戏，他问："怎么个斗法？"小孩答道："谁的石头能将对方的石头划破了，谁就是胜方。"勘探队员看了看胜方小孩的石头，不禁大吃一惊，它是价值连城的特大型钻石啊！忙问小孩："这样的石头你这里多不多？"小孩说："多呢！"便回到家中取出好几颗"石头"送给了勘探队员，而勘探队员则因此为国家找到了一处重要的矿藏。在这种情况下，究竟小孩是发现者，还是勘探队员是发现者呢？假若国家要对他二人进行奖励的话，把桂冠戴在第一发现人（小孩）的头上，这钻石将永远是一块供小孩作游戏的顽石，把桂冠戴在第二发现人（勘探队员）的头上，这钻石就马上会为国家创造出许多财富。从这个角度来说，又怎样断定谁应该是冠军，谁应该是亚军呢?

西方盛产铜矿,许多地方含铜矿物就裸露在地表,原始人只要在地面上燃起篝火,便会还原出铜来。好奇的原始人,只要用石头敲打这种从火中烧出来的怪东西,便会打造出各种形状的"工艺品",因此,他们的金属时代当然会出现得更早一些。中国的铜矿资源大都深埋在地下,极少裸露在地表,只有等生产力进步到了能够凿井开矿的时代,才有可能利用铜矿石铸造出铜器来。只有在发明了合金技术后,才能制造出青铜器来。这就是中国青铜时代的历史为什么会晚于西方的根本原因。但是历史证明:西方并非因盛产铜矿而创造了青铜艺术的辉煌,倒是铜矿资源贫乏的中国把青铜艺术推向了顶峰。

众所周知，金属只有在封闭性能与通风性能都很良好，且在温度能够达到相当高的条件下才能够熔化。中国在一万五千年前的旧石器时代就已经发明了烧制陶器，湖南石门县皂市下层文化和安乡县汤家岗遗址就出土了距今六七千年的精美白陶。其实烧制陶瓷也需要极其苛刻的条件，没有1000℃的高温，是烧不出白陶的，而铜的熔点才1083℃，因此，六七千年前的中国人，是完全有条件可以冶炼出铜器的。但由于中国缺铜，尽管中华民族已经掌握了高温炼铜技术，也只好自叹"英雄无用武之地"。等到金属矿物大量出现后，才能开始施展高超的冶金技术。

到目前为止，在长江流域的江西瑞昌、湖北大冶、湖南麻阳等地就出土了至少是商王朝中晚期的颇有水平的铜矿矿井。据此我们可以推断，中国夏王朝时期肯定已经掌握了开矿采铜技术。有了矿石，中国人就可以在窑温1000℃的这个高起点上，制造出艺术精湛的青铜器物，事实也正是如此。出土的夏王朝时期的青铜爵带有鲜明的中国特色，商周时期，中国青铜铸造技术就达到了世界最高水平。反观西方，由于烧窑技术的落后，虽然在发明铜器上比中国早了几千年，但在提高炉温、铸造精美的青铜器方面，却进展缓慢。他们连烧造原始白陶的水平都达不到，又怎么能够创造出青铜时代的辉煌呢！因此，前人单纯地把某某事物出现的早晚，而不是把它的科技含金量计算进去的文明起源的观点是有待商榷的。

也有人提出过这样的疑问，既然西方出现铜器早于中国，那中国最早的金属冶炼技术会不会是从西方传过来的呢？

对于这个问题，根据

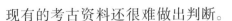

现有的考古资料还很难做出判断。

从现在的资料来看，中国最早的铜器多出土于西北地区，如陕西姜寨遗址出土过距今六千年的黄铜片，甘肃马家窑文化出土了距今五千年的铜刀，而甘肃的地理位置正处于中国与西亚之间，素有"河西走廊"之称的"走廊地带"，游牧民族在中国与西亚之间"逐水草而居"，自古不断地来往迁徙，所以，并不能排除中国人使用的铜器是从西亚引进来的可能性。但是，纵观中国夏、商、周的青铜器技术高超、艺术风格与器物造型自成体系、纹饰与中国的史前陶器纹饰一脉相承等特色，都是西方的青铜器所没有的。因此，也不能排除中国独立生产青铜器的可能性。

中华民族自古以来就是一个开放型的民族，从不拒绝吸收优秀的外来文化，取其精华去其糟粕，并将其发扬光大，使之"青出于蓝而胜于蓝"。印度的佛教传入中国形成了中国式的佛教，一直流传至今，而印度的佛教反而因为不能适应环境而退出了历史舞台。唐朝曾大量引进西域文化，奏胡乐、跳胡舞、耍狮子、喝西域酒、看胡姬舞、欣赏西域的杂技魔术成风，成为"盛唐气象"的一个重要组成部分，这反而使西方羡慕不已，出现了"万国衣冠拜冕旒"的景象。所以，即使中国人是受到西方制造青铜器的影响而开始冶炼青铜

器的, 也不会影响到中国在青铜文化上的先进地位。因为, 西方的青铜文化虽然历史悠久, 却因生产力落后于中国, 而未能创造出辉煌的青铜文化; 而铜矿资源贫乏的中国, 却因生产力的先进而在青铜文化上创造了举世公认的辉煌。

（四）中西方铜器的主要区别

林河先生认为中国的青铜文化与西方的青铜文化在本质上的区别是：中国青铜文化的辉煌，并不是对西方青铜文化"王权"思想的继承和弘扬，而是对中华"神农文化"的"神权"思想的继承和弘扬。

原始艺术基本上是"有神论"的产

物,古代中国和古代西方同样都是"有神论"的天下,但是存在"神权"与"王权"谁轻谁重的问题。在"神权"重于"王权"的地方,艺术家的"神权"思想和"出世"的色彩就会强一些;而在"王权"重于"神权"的地方,艺术家的"王权"思想和"入世"的色彩就会强一些。

西方是以"游牧文化"为主的社会,人民苦于天灾人祸,不得安宁,以武力得天下的帝王们一般都有严重的"王权"思想。在"王权"思想的影响下,艺术家主要是表现"王权"而不是表现"神权"。因此,西方的青铜艺术表现的往往是"王权主义"的"入世"思想和"世俗"观念。如叙利亚出土的"半裸人物"铜像、埃及第六王朝"佩比一世父子"铜像、苏美尔第一王朝用碎铜精心制作的"麋鹿浮雕"、埃及中王国时代的"武士椎俘"铜项圈、苏美尔文化的"力士摔跤"铜像、"骠马拉车"铜像等等,都是"世俗"味很浓的艺术品。

中国是以"农耕文化"为主的社会,人民需要安居乐业、劳动生产,原始农耕社会的领袖们往往具有民主自由、平等互助等原始共产主义的思想,一般都没有将"神权"置于"王权"之下的心理,艺术家可以自由自在地表现"神权"。因此,青铜艺术往往充满了"神权"思想的"出世"色彩。如四千多年前,夏代的青铜器就已出现了铸有"圆饼纹"和"鼓钉纹"的"青铜爵"。"爵"就是"雀",是一种模仿"南方朱雀"形状制作的祭祀酒器,"爵"(雀)身上的所谓"圆饼纹",其实是太阳的象征,"鼓钉纹"是星辰的象征,将太阳和星辰铸造在"朱雀"身上,应该是对七千年前中国南方"神农文化"的继承。根据《白虎通》的解释:"炎帝者,太阳也……祝融者,属续,其精为鸟,离(太阳)为鸾。"所谓的"青铜爵(雀)",实际上就是象征神农炎帝氏族的"太阳鸟图腾",而"朱雀负日""双鸟朝阳图"等就是神农炎帝氏族的"族徽"。

到了距今三千年的商周时代,中国青铜器的民族特色仍是非常突出。例如"神农氏神像"(嘴上长象牙的"人身鸟手像""双鸟朝神像"或戴"三尖冠的人面像")和"神农氏族徽"("朱雀负日图""双鸟朝阳图"或"双鸟朝农作物图"),几乎成了商周青铜纹饰中至高无上的主要纹饰。这一民族特色不仅表现在中国神农氏的故土——长江流域的商周青铜器上,也表现在许多中原的青铜器上。如长江流域的商周青铜器,它的造型不管有多少变化,总以鸟为主题,要么把青铜器做成鸟形，要么把器身布满鸟纹，要么在青铜器上立鸟，要么把人、兽的眼睛做成鸟形。总之，一定要把"神农氏的神像"和代表神农氏族的"太阳鸟族徽"摆在至高无上的地位。这一规律在中原也不例外，如商代著名的"司母戊鼎"，它上面的纹饰同样是以鸟纹为主题的。这种现象，一直到了中国的"王权"思想逐步取代"神权"思想的商周时代，代表"王权"的"龙纹"才逐渐上升为青铜艺术的主题。

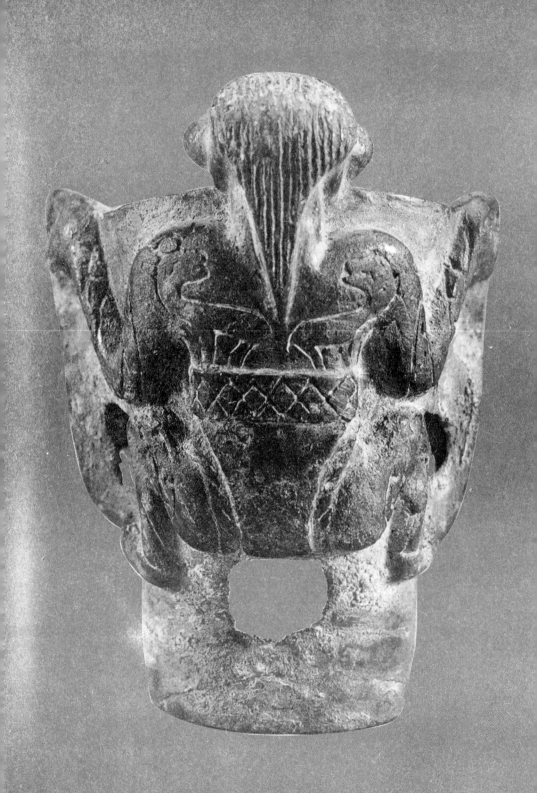

（五）精湛绝伦的中国青铜艺术

中国的青铜器被誉为"世界第九大奇迹"，出土的大量文物，器型之完美，工艺之精湛，完全可以用"鬼斧神工""精美绝伦""空前绝后"等词语来形容，不仅创造出辉煌的青铜文化，甚至还影响了古代文明和近代文明的发展。

世界上最早、最大、最精美的青铜尊：出土于湖南宁乡县黄材镇的商代"四羊尊"，通高58.3厘米，腹部由四只站立着的"卷角羊"组成，整个器身布满了蕉叶纹、夔龙纹、云雷纹、神农氏神像等精美绝伦的纹饰，有些细如发丝的花纹，很可能是由非常先进的"熔模铸造法"（失蜡法）浇铸而成的，这件青铜器堪称商代青铜器中的绝品。

改变了古今文明进程的"中国青铜绝技"：在湖北随县曾出土一座战国时代的"曾侯乙墓"，墓中出土了许多用"熔模铸造法"（失蜡法）浇铸而成的青铜器，中国商周时期发明的这种先进的"熔模铸造法"，可以制造极其精密的铸件，还可以铸造极其复杂的器型，如代表了世界古代工艺最高水平的汉代错金工艺、明代宣德炉，北京故宫、颐和园、圆明园中的龙、虎、狮、象、十二生肖、铜像、铜亭等。在西方，直到20世纪初，德国才用这

项中国绝技铸造精密齿轮。第二次世界大战期间，美国飞虎队的机械师在云南保山见到了中国用"失蜡法"铸造的传统文物后，深受启发，便将此法用到了铸造要求极高、非常不易加工的喷气发动机的叶片和涡轮盘的制造上，获得了极大的成功。二战以后，这一中国绝技迅速被推广到了全世界，终于形成了近代工业文明必不可少的精密机械制造工业。由此可见，中国的青铜文明对人类文明贡献之大。

古代先进的铸造工艺

"失蜡法"：又名"熔模铸造法"，一般用于铸造立体结构非常复杂的、用常见合范法（模具组合法）所不能胜任的产品。失蜡法首先用蜂蜡、松香和牛油混合的蜡料雕出要铸的产品（蜡型），然后

往蜡型上浇黏土和黄沙混合澄洗出的泥浆，再在上面撒沙子。反复多次在蜡型外制好型壳后，将型壳拿到火上加热。蜡遇热融化成液态，从型壳中流失。此后将型壳用低温烧结，再向型壳内倒入融化的金属液体进行铸造。冷却后敲掉型壳，我们就能得到和蜡型一模一样的铸造产品。

世界上最锋利的青铜剑：1965年，湖北江陵出土了一把越王勾践用的青铜剑，虽然在地下埋了两千三百多年，但出土时还光洁如新、寒气逼人、锋利无比。有人作过试验，该剑一次就能将二十多层纸斩成两半。由此可以证实《战国策》上说的"吴越之剑，用肉作试验，可以断牛马，用金属作试验，可以断盘匜"的说法的确是没有丝毫夸张的。

还有人用楚国的青铜剑斩两枚叠在一起的清代铜元毫不费力，说明秦国形容楚国的青铜剑"毒得比马蜂扎人还要厉害",也是没有半点虚言。

世界上最早的青铜硫化处理技术:锋利无比的越王青铜剑,显示了它在军事科学上举世无双的成就,而它在物理化学上的成就也是令人惊叹的。它那精美绝伦、永不生锈的黑色菱形花纹是经过硫化处理的,而在西方,直到近代才发明了硫化处理技术。

世界上最早的金属铬化技术:在金属表面镀铬防锈,是近代科技史上的重大成就。但在中国古代青铜器中,有一种叫"黑漆古"的青铜器,虽在地下埋藏了好几千年却光泽如新,没有丝毫锈蚀。通过科学家的研究,发现它的表层含有铬元素,原来,这青铜器数千年不朽的秘密,就因为它经过了"铬化技术"的处理。

世界上最早的光学聚焦镜:据周代《礼记·内则》记

载：做儿媳的每天凌晨都要将"金燧"等日用工具佩戴在身上，到父母那里去问候安宁。这"金燧"指的就是用青铜制作的光学聚焦镜，古代又名"阳燧"，今日则叫"聚光镜"或"凹镜"。它的用途是向阳取火，让太阳光点燃艾条之类的"火媒"，用以烧火煮饭。由此可知，中国在商周时期，就已懂得了用凹镜取火的科学原理了。在中国的考古发现中，也经常出土"金燧"的实物。因此，不但中国人是最早发现光学聚焦原理的人，中华民族也是世界上最早利用光学原理制造聚焦镜（凹镜）的民族。

能够看透背面的青铜"魔镜"：假若你在照镜子时，突然看见了镜子背面的花纹，你一定会感到太不可思议了。但是，在中国商周时期的青铜镜中，有一种被称为"透光镜"的青铜镜，却真的可以做到这一点。方法是将"透光镜"对着阳光，把阳光反射到墙壁上，你就可以从墙壁上的镜影中，清楚地看到青铜镜背面的花纹或文字，就好像是魔术师在玩魔术一样。1832年，中国的"透光镜"首次传到了西方，立刻引起了极大轰动，被西方人称之为来自东方的"魔镜"。许多西方科学家使尽了浑身解数，也无法破解其中奥秘。中国宋朝的科学家沈括在他的《梦溪笔谈》一书中说道："文虽在背，而鉴面隐然有迹，所以于光中现。"科学地解答了这个问题。而在西方，直到1932年，才被英国的科学家威廉·布拉格爵士揭开谜团。20世纪研究中国古代科学成就最大的英国专家李约瑟博士曾评价道：这是中国科学家"在通向掌握金属表面微细结构的道路上迈出的第一步"。

让水花自动飞舞的青铜"魔盆"：在中国古代的青铜器中，有一种能令水花自动飞舞的青铜盆，只要在盆中放满了水，用双手在盆边轻轻摩擦，铜盆便会发出"嗡嗡"的声波，盆中的水则会随着声波

产生涟漪，涟漪生出水花，水花又会随着
声波起伏跳动，好像在跳舞一样，而且
能跳到一尺多高，见者莫不称奇。这可以
说是世界上最早的音乐喷泉，是中国科
学家研究声学原理的奇迹。目前，这种水
花跳跃的"魔盆"的仿品在中国的一些
地方还能见到。

世界上最早、最大、最重的青铜器：
中国商代的"司母戊鼎"是全世界最早、
最大、最重的青铜器，通高1.33米，重875
公斤，需要用铜料1000多公斤才能铸成。
"司母戊鼎"的出现，证明了中国是世
界上"青铜文化"实力最雄厚的国家。它
身上的"神农氏族徽"证明了它完全是
对中国"神农文化"的继承与发扬，而不
是对西方"王权文
化"的继承和发
展。

震惊世界的三
星堆神秘青铜像：四

川三星堆遗址是一个距今三千多年的商代遗址，它以出土了大量造型怪异、工艺超群的神话人物青铜造像而闻名于世。据介绍，我国青铜器一般分为七个大类，而三星堆出土的绝大部分青铜器却不能划入其中任何一类，除了一少部分铜垒、铜牌、铜尊与中原地区青铜器相似外，大量造型怪异、充满神秘色彩的铜人、铜面具、铜动物等在我国各地出土的青铜器中都前所未见。这里出土了世界上最大、最完整的青铜立人像，它通高2.62米，重逾180公斤，被称为铜像之王；世界上最大的青铜纵目人像，高0.645米，两耳间相距1.385米；世界上最早、树株最高的青铜神树，高3.84米，3簇树枝，每簇3支，共9支，上有27枚果实与9只鸟，树侧有一龙缘树逶迤而下。三星堆的青铜文化充满了"神农文化"的色彩，那青铜大立人（神巫）像，头上戴着

铸有神农氏头像的三尖神冠，上穿绣有神农氏"朱雀"族徽的丝绸左衽上衣，下系绣有类似江浙一带"良渚文化"的神农氏"神徽"的"帘裙"，神巫的衣着华丽无比，但却打着一双赤脚。这种种怪异现象，不了解南方"神农文化"的学者是无法知道它的奥秘的。其实，那三尖太阳神冠和神农氏肖像，早已出现在距今七千多年的高庙文化之中。那衣上的"朱雀"图案也源于高庙文化，那不同于中原形制的左衽衣冠，古书上早有"华夏右衽""西南夷左衽"的记载。那"帘裙"即是对朱雀尾羽的模仿。但他为什么打着一双赤脚呢？穿着华丽的他绝不是穷得没有鞋穿，而是南方巫师认为请神的时候，只有接触了"地气"，法术才会灵验的缘故。直至今日，南方的巫师哪怕是在大雪天，请神时还是要打赤脚的。三星堆的神秘文化可以说是中国"神农文化"的辉煌。

两千年前的青铜"发电机"：在湖北随县战国时代的"曾侯乙墓"出土的青铜器，几乎件件都是国宝，其中有一些形状古怪、不知用途也叫不出名字的青铜器，引起人们的很多猜测。例如有一件青铜器布满了与今日发电机非常相似的"线圈"，现在还没人能准确知道它的用途。在埃及的古墓中曾发现过古代的"电池"，西方的有些学者就敢于肯定它是"电池"的雏形。这不知用途的战国青铜器，既然浑身都是"线圈"，除了做发电机的"线圈"以外，很难找到还有其他的用途，很有可能它就是"发电机"的雏形。

三、金 文

(一) 什么是金文

金文是指铸或刻在青铜器上的文字, 也叫钟鼎文或者铭文, 是中国古汉字一种书体的名称, 是商、西周、春秋、战国时期铜器上铭文字体的总称。因为周以前把铜也叫金, 所以铜器上的铭文就叫做"金文"或"吉金文字"; 商周是青铜器的时代, 青铜器的礼器以鼎为代表, 乐器以钟为代表，"钟鼎"即是青铜器的代名词，刻在青铜器上的文字自然也可叫做钟鼎文；另有说中国在夏代就已进入青铜时代，铜的冶炼和铜器的制造技术十分发达，又因为这类铜器以钟鼎上的字数最多，所以过去又叫做"钟鼎文"。不管哪种说法，都证明了金文是刻印在青铜器上

而得以很好地保存下来的。这也就不难
理解青铜器的繁荣发展对汉字传承的深
远影响了。

　　金文应用的年代，上自商代的早期，
下至秦灭六国，约一千两百多年。金文的
字数，据容庚《金文编》记载，共计3722
个，其中可以识别的字有2420个。

金文上承甲骨，下启小篆，由于书写材质的不同，在长期的演化过程中不断完善，形成下列特点：

（1）笔画圆匀，起笔、收笔、转笔多为圆笔。这为以后篆书用笔打下了基础。

（2）字的结构更加紧密、平稳。字形也较甲骨文和周初金文更有规律性，为以后的文字统一奠定了基础。（3）章法上也开始讲究字距行列。有的严整规矩，有的显得疏朗开阔，无论是笔法、结字还是章法上都为书法的进一步发展作出了重要的贡献。

(二) 金文的起源

关于金文的起源,传统的说法是:起于商代,盛行于周代,是在甲骨文的基础上发展起来的文字。那是不是说在金文之前,祖先就将文字刻在甲骨上,等到青铜器出现之后,有了新的载体,就开始将文字铸刻在金属器皿上了呢?也许大家会觉得奇怪,商周时期已经有了棉、麻、帛等衣物用品,春秋列国时期的出土竹简也不在少数,为什么先人不把字写在轻

薄、方便携带的竹简和布料上面，而要费很多工夫刻在青铜器上呢？原来古人已经知道将文字铸于青铜器上，更牢固。在出土的青铜器铭文中经常出现"子子孙孙其永宝""子子孙孙永宝用""万年子子孙孙永宝用"等字样，表明当时铸器、铸铭时，古人的一种愿望，他们预见到书于宗彝之铭，将流芳百世。另外，商周时，王经常对有功之臣赏赐予铜，铜在当时又被称为"金"或者"吉金"，赐金就是指赐给铜料，记为"赐金"。大臣受赏赐之后，将所赐之铜用作青铜礼器，铸铭以记事，并歌颂王的功德，是很普遍的。如"利簋"铭，就记录了王赐"利"金后，铜料被做成祭祀礼器的事实。

篨是装米饭的青铜礼器。利篨,又名武王征商篨,中国已发现的时代最早的西周早期的青铜器,为周武王时期有司(官名)利所作的祭器。1976年出土于陕西临潼。器型高28厘米,口径22厘米,圆形,侈口,鼓腹,双兽耳垂珥,圈足下附有方座,造型庄重稳定。以云雷纹为地,腹及方座饰兽面纹,圈足饰夔纹,兽面巨睛凝

视，森严可怖。腹内底部铸有铭文4行32字，如下：

珷征商，唯甲子朝，岁鼎，克昏夙有商，辛未，王在阑师，赐右史利金，用作檀公宝尊彝。

铭文的意思是说，周武王（珷，就是"武王"）攻伐商纣王，在甲子日的早晨，岁星正在适当的位置上。经过黄昏到第二天的早晨，（武王的军队）就把商国攻

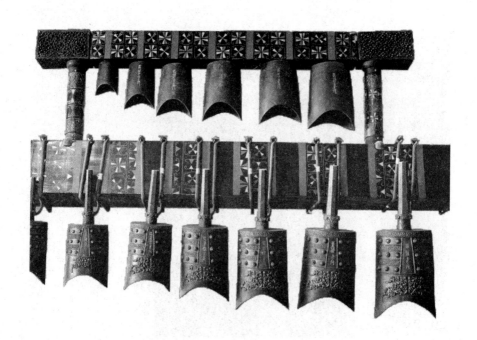

打下来了。在辛未日（甲子日之后过了七天）周武王在阑师（地名）赐给右史利（"利"是人名）吉金（即青铜）。利用赏赐所得的青铜制作了这个祭祀祖先的宝器。

古人用岁星（今天的木星）纪年。古人认为岁星所在国家的分野有福，作战不会失败。利簋中的"岁鼎"，意思说的就是岁星正好处在天空中"周"的分野之内。在对武王克商年

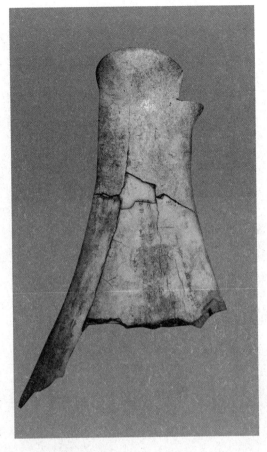

代的天文学推算中，利簋是有关武王克商唯一的直接文物遗迹。这段铭文的重要意义在于印证了《尚书·牧誓》《逸周书·世俘》及《史记·殷本纪》等古代文献中关于武王克商在甲子日，又恰逢岁星

当空的记载。利簋的发现是1949年以来中国考古学界最重要的事件之一。此器现收藏于中国国家博物馆。

1987年公布的新说法则是：一向被认为出现于甲骨文之后的金文，实际上早在甲骨文之前就已存在。

金文是铸刻在青铜器的钟或鼎上的一种文字。钟多是乐器，鼎多为礼器。例

如九鼎则为传国重器，王都所在即鼎之
所在，故称定都为"定鼎"。铸刻上面的
文字，内容多为记事或表彰功德。这种铭
文，有的是凹下的阴文，有的是凸出的阳
文。前者称为"款"，是"刻"的意思；后
者称为"识"，是"记"的意思。所以金文
也可统称为"钟鼎款识"。以后书法"款
识"或"款式"的名称即由此演化　而
来。

(三) 金文的分期与发展

　　金文的整个发展过程长达一千二百多年，无论是字体、文例还是内容特点都有很大变化，所以研究金文必须从分期入手。

　　商代二里岗期的青铜器，发现有铭文的只有少数几件，文字均系铸成，个别为凸起的阳文，一般为阴文。字数限于两三字，有的是器主的族氏或名字，有的是

所祭祀先人的称号，还有的是与器的用途有关。这几件有铭文的青铜器都不是发掘品，其铭文真伪还值得商榷。

纵然商朝以前已有青铜器，金文之始，实际上还是在盘庚迁殷（今河南安阳西北）之后。商代晚期即殷墟期的金文，

数量比二里岗期明显增加，而且时代越晚，字数越多。但总的说来，铭文大多仍很简短，只有寥寥数字，最长的不超过五十字。等到周初，已经达到一千二百余字。至商亡时，才有文章体裁的出现。就算是这样，最长的文章也才不过四十余字。这一时期金文字体多与甲骨文相近，用词也多类似，如以周祭记作器时间等。所书内容和二里岗期的铭文相似，或为器主族氏、名字，或为所祭祀先人的称号，复杂一点的则兼记上述两者。这种铭文中表示族氏的字，学者常称为"族徽"，其特点是写得象形，如人形有首和手足，动物形有特征性部分。过去有学者以为是最原始的文字，甚至说是"文字画"。经过甲骨文等材料对比，证明它们其实是文字，不过是为了突出加以美术化而已。族氏有时可与当时地名和出土地点相联系，对研究社会结构也颇为重要。成组青铜器有时有同样的铭文，如小屯五号墓出土大量器物上有"妇好"二字，可供综合研究。

商代金文最长的不超过五十字。北京故宫博物院收藏的二祀邲其卣，是现存商代青铜器中铭文最长的几件之一。该器器身外底铸铭文三十九字，盖内和器内底均有"亚獏，父丁"四字，"亚獏"为族氏，"父丁"为所祀先人。这件铜器的铭文对研究商代晚期王室与周围方国

的关系以及商王室的祭祀制度、殷国制

度、历日制度等都有十分重要的作用。

二祀𨚫其卣外底铭释文如下：

丙辰，王令（命）（音义）

其兄（贶）丽，殷

于夆，田雍。宾

贝五朋。在正月，遘

于妣丙，肜日，太乙（音是）。

唯王二祀。既

（音扬）于上下帝。

（丽：指一对兽皮。兄（贶）：即赏赐。宾：金文通例，王派使者出使诸侯称"使"，被使者按例需对使者有所馈赠，馈赠称"宾"。）

　　铭文大意是：商纣王命令其去夆地发布政令，在雍地田猎，并赠送夆地酋首一双兽皮。酋首返赠其五串贝。时值商纣王二年正月丙辰日，举行肜(古代祭祀的一种名称)祭，祭祀太乙的配偶妣丙的日子。其对天上的上帝和地上的商王都作出了贡献。

　　北京故宫博物院收藏的另一件器物

四祀邲其卣,有三处铭文,盖内和器内底均有"亚獏,父丁"四字,"亚獏"为族氏,"父丁"为所祀先人;此外在卣外底圈足内又有铭八行四十二字,记商王祭祀帝乙及器主受赏事迹。这件卣作于帝辛(纣)四年。

西周早期金文是商代金文的继续和发展。商代流行的那种记族氏等的简短铭文仍然存在,同时出现了许多长篇铭文,记载重大史事。如周康王时的小盂鼎所载伐鬼方，尤为重要，字数已多达四百字左右。有周公东征见于方鼎，记伐丰伯薄姑凯旋的情形。分封诸侯的例子有簋为证的是封康侯于卫和迁虞（吴）侯于宜。昭王的南征，穆王的游行和用兵，也都有金文详细记述。我们知道商代遗留下来的文字资料主要是甲骨文和金文，西周遗留下来的文字资料，主要是铸于青铜器上的金文，这些文字史料反映了西周政治、军事、经济、文化、外交、法律

的方方面面，这也是铭文的主要价值所在。早有学者指出，金文在西周历史文化研究上的价值，远远超过了《尚书·周书》。

　　西周早期金文字体多雄肆，中期则转趋规整，格式也逐渐固定化。多见于中晚期的册命金文，叙述周王对臣下命赐之礼，与当时的职官制度有很大的关系，从所赐舆服中还可考见当时等级的区分。此外还有一些金文涉及法律、经济等方面，如曶鼎记载与器主曶有关的两次诉讼，均

与奴隶制有关；几件裘卫器物的铭文，分别叙述了裘卫与矩伯间的三次交易，或以土地交换土地，或以土地交换毛裘皮革，说明土地已可转让，并且还有以货币计算的价格，是非常珍贵的史料。与土地转让有关的，还有师永盂等器铭。

西周金文多数为周王朝官吏所作，诸侯国的金文相对来说较少。自从周平王迁都洛邑之后，周王室开始呈现衰微的迹象，金文陡然减少，而由于列国纷争的原因，诸侯国的金文却大量出现，开始东周金文时期。由于诸侯自制铜器，这个时期，不只一些强大的诸侯国，就连若干小诸侯国也有金文，书法也自然受到影响，呈现浓厚的地域色彩。列国铜器可大概分为东土、西土、南土、北土及中土五大系统；其中北土、中土出土器物及铭文都很少，所以就以东土、西土及南土为代表。

1.东土系——劲直峭拔

包括齐、鲁、邾、莒、杞、薛、滕诸国，以齐国为盛。他们的共同点为书体高长，笔画变为直线，与西周的曲线笔画美感不同。齐陈曼簠严整劲峭，堪称是东土系之杰作。

2.西土系——古朴雄浑

西土系包括秦、晋、虞、虢诸国，以秦国为盛，其书体近似小篆，有古朴雄浑

之风。

秦并六国之后，书法也吸收各地精华，融合各地之风，书体上也更趋于完美，为秦代小篆奠定了良好的基础。

3.南土系——柔美浑圆

南土系包括楚、吴、越、徐等国，而以楚最盛，书法柔美浑圆。值得注意的

是，徐国之器《王孙遗者钟》书风与齐器较近，章法纵横整齐，端整之中又有流利之风；可以看出不同国家的书法都是相互影响的。晋、郑、齐、鲁、楚等国金文，在春秋金文中最为重要。如晋国的晋姜鼎，记晋文侯辅立周平王的功绩；齐国的庚壶，记齐灵公伐莱等战役；楚国的令尹子庚鼎，也可与《左传》相印证。秦国金文，如宝鸡出土的秦公钟、镈，天水出土的秦公簋和宋代著录的秦公镈，其字体与东方列国不同，已开后世秦篆之先。

西周晚期金文，长篇更多，其中毛公鼎达四百九十七字，是迄今发现的最长金文。这时金文多反映战争及社会动乱。随着周王朝的衰落，有些金文也趋于简单，例如梁其诸器，就出现一些脱漏错讹，这在早中期金文中是罕见的。

值得一提的是，到了这一时期铁器渐渐出现，青铜铸造的乐器也增多了，在

青铜乐器上铸文成为可能,因此金文所录的内容,已经不像最初那样,只记录王公大臣贵族阶级的事,像战功、音阶等,这些都有了铸录。此时金文被广泛使用,堪称全盛时期。

春秋中期,开始出现个别刻成的铭文,在铭文中错金也有发现。北方晋国逐渐流行一种笔画头尖腹肥的字体,可能即汉晋人所谓"科斗文";而南方各国则流行以鸟形作为装饰的美术字体,即所谓"鸟书",这两种特殊字体都流传到战国早期,有的在汉代还有孑遗。南方各国金文多刻意求工,用韵精整。

战国早期金文基本继承春秋时的传

统。由于诸侯分立已久，文字的地方性更为突出，形成《说文》序所说"文字异形"的局面。大体上说，西土的秦和东土六国分为两系，而东土又可分为三晋、两周、燕、齐、楚等亚系。各系不仅文字结构诡变不同，金文的用词和格式也有许多差异。战国中晚期，金文以刻成的为

主，内容转为"物勒工名"的形式，即记载器物的制造者、使用者、置用地点、容积重量等，有的还用干支、数字作为编号。此类金文有助于研究当时职官、地理、度量衡制等，也有很大价值。

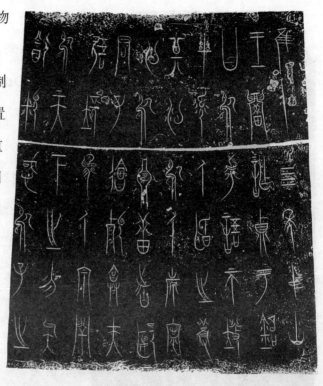

与此同时，还有少数传统形式的铭文存在，并且有长篇的。例如战国中期末的中山王方壶铭四百四十八字，中山王鼎铭四百六十九字，内容记中山乘燕国内乱、齐国进军占领燕都之机，举兵伐燕，取得大片土地。这是文献所缺书的重大史实。

中山王三器蕴涵丰厚的文化价值。

战国时期的中山，即春秋时期的

鲜虞，本是戎狄部落的一支，1974年以来，在河北省平山县发掘出中山国重要遗址，遗址坐落在平山县三汲公社东灵山和西灵山的南麓。出土了大量青铜器，其中中山王方壶、中山王鼎以及中山王圆壶合称中山王三器。中山王三器行文流畅，文字精美，风格独特，是中国古文字的精品奇葩。铭文以中山王鼎最多，也最精美。铭文为刻款，体现了华美的书写风格。其中中山王鼎通高51.5厘米，最大直径65.8厘米。中山王鼎是1977年在西灵山一号大墓中出土的，鼎为铁足刻铭铜鼎，周身刻铭77行，计469字。鼎系中山王十四年铸，是用以赏赐中山相周的。中山王鼎为王墓中同时出土的九件列鼎中的首鼎，铜身铁足，圆腹圆底，双附耳，蹄形足，上有覆钵形盖，盖顶有三环钮。据鼎铭得知，此鼎为奉祀宗庙的礼器。中山王鼎是我国迄今为止发现的最大的铁足铜鼎，中山王鼎铭文字数之多，仅次于西周毛公鼎，在战国铜器中更属罕见。铜鼎铭文的风格，接近三晋文字，字体修长，匀称流美，装饰意味十分浓厚，有所谓悬针篆风格，令人叹服。

中山王圆壶为中山王的嗣王为先王所作。圆壶为短颈鼓腹，两侧有二铺首，圈足，有盖，盖饰三钮，通高44.5厘米，腹径32厘米，腹与圈足皆有铭文，腹部铭文59行、182字。除歌颂先王的贤明外，还大加赞扬相邦马𧊒的内外功劳。此壶及其铭文是研究中山国历史的重要资料。

中山王方壶，1978年于河北省平山县战国中山王墓出土，方体，小口，斜肩，腹两侧有一对环耳，这是战国中、晚期常见的方壶形式。它在造型上的突出特点是，使用了八条雕龙为装饰。在壶盖上有四个抽象的龙形钮，在壶肩四棱上各雕塑有一条小龙，龙头朝上，独角大耳，颈背生鬃，长尾。这些龙装饰的使用，为光素

无花纹而略显呆板的壶体增添了活泼气氛，而龙身无繁缛的花纹，与壶体协调相称，共同构成一种素雅明快之美感。

该壶最受学术界珍视之处，是它的四个光平的腹壁上刻下的长达四百四十八个字的铭文。根据铭文的记载，这是一件中山国王命令其相邦（相国）铸造的酒器。该壶铭文云："择燕吉金，铸为彝壶，节于禋盟，可法可尚，以飨上帝，以祀先王。"意即选择燕国优质铜，铸造铜壶，按照禋祀的礼仪规定装酒，用于祭祀上帝和祖先。在铭文中说该器叫做彝壶，用来盛祭祀上帝、祖先的

酒。到了汉代，人们给这种方体铜壶起了个专名叫做"钫"。

铭文大约刻于公元前314年，是迄今发现的第三长的铭文。记录了本壶的制作时间、用料动机等情况。把先王值得赞美的功业和事迹刻在壶上，以显扬先君光辉的德行。把燕国国君子哙仿效尧以国禅让子之所造成的国亡身死、卒为天下耻笑的教训也镌刻在壶上，以告诫继位的君王。表彰相邦"竭志尽忠"地辅佐中山王𰯼"协理国事"，早晚不懈地举贤荐才，任用能人，为中山国开拓了疆界等辉煌功绩。

秦代金文一般均为"物勒工

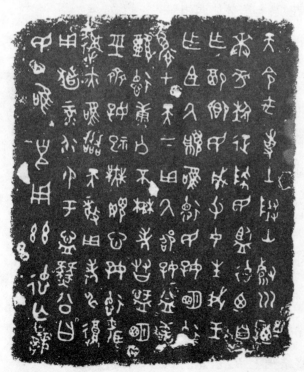

名"之类。具有特色的是有秦始皇统一度量衡诏书的诏版、诏量、诏权，有的还加有秦二世胡亥的诏书，称为两诏。

汉代金文沿袭秦代传统，而在格式上更为规整统一。已经发现的汉代金文数量很多，容庚在20世纪30年代编写了《秦汉金文录》和《金文续编》，其中汉代金文占主要部分。此后新出的又不止数倍。考古发掘还发现有成批成组的有铭青铜器，对研究汉代各种制度很有意义。特别是金文中的职官如与汉印结合研究，将

会起较重要

的作用。

(四) 金文的制造过程

　　把文字"写"在坚硬的金属上，并且还要写得漂亮、传神，一想起来就觉得颇有难度。更让人费解的是，殷周金文经常可见是被铸在青铜器的内侧，这更加让人匪夷所思了。专家推断，青铜器上的字应该首先被刻在铸模上，但是怎样在铸模上刻印上金文仍然未能确定。根据在工场遗址所发现的大量模具推断，青铜

器的制造方法大致如下:

1. 利用黏土做一个与制成品大小相同的土胚(模型)。

2. 另外再用黏土包裹着模型,待干透后切开外层的黏土,作为外模。

3. 将模型削去外层,作为内模。

4. 在内模刻上图案文字。

5. 组合起外模和内模,并在之间放入铜片作为间隔空隙以待注入铜液。

6. 将已熔化的铜注入。

7. 将模冷却打破，取出青铜器。

但是，还有一个让人不解的地方，由于在青铜器内侧的金文是凹进去的，因此在内模上的文字应该是凸出来的。怎样在内模上加上文字图案等，仍然是一个谜。对于加上这些凸出来的文字的技法，有各种不同的假设：

1.将熔成泥状的黏土，逐渐贴上。

这是清朝金石学权威阮元提出的假设，但没有实证实验。

2.在内模贴上薄黏土，再削去多余部分。

这是民国以前提出的假设。工序中必然会在内模上造成痕迹，这样在青铜器上也会留下印记，然而实际上并没有。

3.先在木片或龟甲上刻上文字，用黏土填满后，再将黏土移印至内模上。

经实验证明这个方法可行，但是没有发现相关的物证，因此仍只可当做假设。

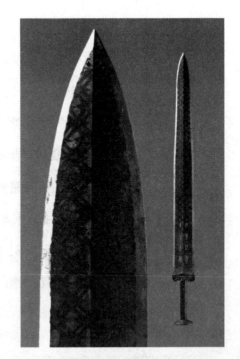

（五）金文研究著作

我国对金文的研究已有悠久的历史。
西汉张敞曾考释美阳所出周代尸臣鼎，
其释文今天看来大体正确。宋代人收藏
铜器极其重视铭文，故出现了很多著录
和研究青铜器的专著，最早的有《皇祐三
馆古器图》、刘敞《先秦古器记》、李公

麟《考古图》；专门摹刻铭文的，如王俅
《啸堂集古录》、薛尚功《历代钟鼎彝器
款识法帖》，内容颇为丰富；把铭文中的
字编为字典则有王楚和薛尚功《钟鼎篆
韵》。现传最早的是吕大临的《考古图》，
体例已相当完善，图象、铭文、释文等项
都已具备。宋元时期还有人编集金文文
字，汇为字书，现存有吕大临《考古图释
文》、杨鉤《增广钟鼎篆韵》。

元明时期，由于理学居统治地位，金石之学被讥为玩物丧志，金文研究一时衰微。

清代由于《说文》之学兴盛、声韵训诂研讨日深，在这种学风的影响下，铭文研究进步较快，著录和考释铭文的书籍数量远超前代，名家辈出。著作有阮元《积古斋钟鼎彝器款识》、方浚益《缀遗斋彝器款识》、吴大澂《愙斋集古录》、孙诒让《古籀拾遗》《古籀余论》《名原》等等，均有较大成绩。吴大澂的《说文古籀补》是一部比较好的金文字典。清代吴式芬把商周铜器铭文编成《攈古录金文》一书，收集的资料翔实，考释严谨，对后世影响颇深。

清末以来，研究金文的学者更多。罗振玉、王国维注意铭文与器物本身相结合的研究，王国维有《两周金石文韵读·序》。罗氏1937年印行的《三代吉金文存》，迄今仍是一种最重要的金文汇集。郭沫若用科学方法整理研究金文，所著《金文丛考》《两周金文辞大系》等书，为利用金文探讨古代社会开拓了道路。《金文丛考》是郭沫若于1932年所著，与《两周金文辞大系》为姊妹篇。内容包括《金文丛考》8篇，《金文馀释》释

字16篇，《新出四器铭考释》4篇，《金文韵读补遗》共40器。其中"丛考"部分论金文中所表现的周人的传统思想、谥法的起源、彝器人名的字义以及毛公鼎的年代等，考证详明，多非前人所能道。论毛公鼎的年代一文，从铭辞中所透露的历史背景，从文辞中的熟语跟《诗》《书》中文句的比较，从器物的花纹与形式等

几方面来考察，推定其为宣王时器，可谓尽考证之能事。其他解字辨韵各篇，大都可以作为定论。1954年作者把本书又与《金文馀释之馀》《古代铭刻汇考》和《古代铭刻汇考续编》中有关金文部分汇集为一书，命名为《金文丛考》。郭沫若在《两周金文辞大系·序文》说："当以

年代与国别为之条贯，……余于西周文字得其年代可征或近是者凡一百六十又二器。……其依据国别者，于国别之中亦贯以年代，得列国之文凡一百六十又一器。"这在金文研究中是划时代的创举。

　　1925年容庚编《金文编》把商周铜器铭文中的字按照《说文解字》的顺序编为字典，从此金文成为一种书体名称。1985年容庚《金文编》修订第四版采用铭文3902件，收正文（可识的字）2420字，附录（还不能确定的字）1352字，共计3772字。这是今日可见金文的总数。先秦文字史料虽不尽是金文，但其反映了秦用小篆统一文字前一千多年间中国文字发展变化的基本情况，对青铜时代历史的考察意义十分重要。

其他海内外学者著作不胜枚举,如杨树达《积微居金文说》,容庚《商周彝器通考》《金文编》,于省吾《双剑誃吉金文选》,柯昌济《金文分域编》,唐兰《西周青铜器铭文分代史征》,陈梦家《西周铜器断代》,日本白川静《金文通释》等等,各有贡献。近年编著的工具书,如周法高《金文诂林》,孙稚雏《金文著录简目》《青铜器论文索引》,中国社会科学院考古研究所《新出金文分域简目》、中国社会科学院考古研究所《殷周金文集成》等,都有助于对金文的研究。

四、民族瑰宝 传国重器

（一）司母戊鼎

司母戊鼎是中国商代后期（约公元前16世纪至公元前11世纪）王室祭祀用的青铜方鼎，因其腹部铸有"司母戊"三字而得名，是商朝青铜器的代表作，现藏于中国国家博物馆。司母戊鼎高133厘米、口长110厘米、口宽78厘米、重875公斤，器型高大厚重，形制雄伟，气势宏大，纹饰华丽，工艺高超，又称司母戊大方鼎。

1939年3月19日盗掘出土于河南省安阳市武官村一片农地中，挖掘者是当地农民吴希增。当时河南已处于日寇的占领之下，村民想将鼎卖给北平古董商萧寅卿，原本计划将鼎锯开，结果只成功锯下两只鼎耳。为了避免日寇搜剿出这个出土

大鼎，于是吴将鼎再次埋入地下，直到1946年抗战胜利后才又重新掘出。司母戊鼎后被运往南京，作为蒋介石六十大寿的礼物。1949年，人民解放军在南京机场发现了被弃置在那里的司母戊大方鼎。中华人民共和国成立后该鼎存于南京博物院。当时司母戊鼎的一只鼎腿上有武官村村民锯鼎未果而留下的痕迹，被锯下的鼎耳经过多年战乱也只找回了一只。南京博物院委派潘承琳将司母戊鼎腿上的锯痕填满，又根据残存的鼎耳仿造了一只假耳朵，将丢失的耳朵修复"还原"。1959年，配好了假耳朵的司母戊鼎被调拨到中国历史博物馆。

司母戊鼎的四个柱足是中空的。整个鼎的鼎耳事先铸好后嵌入鼎范（即用来铸鼎的模子），再一次浇铸制成鼎身鼎腿。司母戊鼎是商王武丁的儿子为祭祀

母亲而铸造的，该鼎在商代晚期的铸造难度是惊人的，这充分显示出商代青铜铸造业的生产规模和技术水平。1976年安阳殷墟商代妇好墓发现"司母辛"铭文铜鼎，可以与"司母戊"铭文相印证。

撇开假耳朵的遗憾不谈，司母戊鼎是迄今为止世界上发现的最大、最重的中国古代青铜器，是鼎中之王，是传国重器。

（二）毛公鼎

　　道光末年出土于陕西省宝鸡市岐山县。毛公鼎高53.8厘米，口径47.9厘米，净重34.705公斤，器型呈仰天势，半球状深腹，垂地三足皆作兽蹄，口沿竖立一对壮硕的鼎耳。文物界公认此物系西周晚期宣王(公元前827年—公元前781年)时的一件重器，因其鼎腹内铸有32行497字关于"册命"毛公厝的铭文，故名"毛公鼎"。器身上铭文是现存最长的铭文，其内容是周王为中兴周室，革除积弊，册命重臣毛公，要他忠心辅佐周王，以免遭

丧国之祸，并赐给他大量物品，毛公为感谢周王，特铸此鼎记载此事。毛公鼎为西周晚期的宣王时期器物，是研究西周晚期政治史的重要史料。李瑞清题跋鼎时说"毛公鼎为周庙堂文字，其文则尚书也，学书不学毛公鼎，犹儒生不读尚书也"，即是说此。此外，毛公鼎书法是成熟的西周金文风格，结构匀称准确，线条遒劲稳健，布局妥帖，充满了理性色彩，显示出金文已发展到极其成熟的境地。

毛公鼎一出土便受到藏家的珍爱。1852年，清朝翰林院编修、著名金石学家陈介祺从一户姓苏的人家买到毛公鼎，对其呵护有加。随着清王朝的没落，毛公鼎被抵押在俄国人于天津开办的华俄道胜银行。1920年，美、日列强商贾都垂涎毛公鼎，欲出巨款秘购。消息被时任北京政府交通总长的叶恭绰得知，叶恭绰迅速筹资3万元，将鼎从道胜银行赎获。事后，叶恭绰将毛公鼎秘藏于上海的寓所"懿园"。抗战爆发后，苏皖一带很快就被日本人占领。随即日本宪兵队到处搜

寻毛公鼎的下落。为防止国宝落入日寇之手，住在香港的叶恭绰委托友人设法仿造了一只铜鼎，交到日本宪兵队。而真正的毛公鼎则偷运出上海，秘密带往香港。后来，上海富商陈咏仁以300两黄金买下宝鼎，并同意叶恭绰的约法三章，承诺抗战胜利之后一定捐献国家。1946年，宝鼎被捐献给了当时在南京的"中央博物院"。现在收藏于台北故宫博物院。

(三)曾侯乙编钟

　　战国时期的曾侯乙墓,出土了一套
精美华丽、场面壮观、独步古今的编钟,
是迄今为止已发现的古代编钟中时间最
早、数量最多、规模最大、保存最好、音
律最全、音域最广的乐器,是我们认识西
周乐悬制度最为重要的实物。其中最大
的编钟通高153.4厘米,最小的编钟通高

20.4厘米，总共有65枚。经过测试，音域跨越了五个八度，比现代钢琴只少一个八度，中心音域十二个半音都很齐全，甚至可以演奏西方十二声乐律的乐曲。曾侯钟水平截面为椭圆形，在每个钟的正鼓位和侧鼓位可以分别敲出具有三度差别的两个音，即同一个钟可以发出两个不同音高的音，这就是过去不为人知的"双音钟"。曾侯钟无可辩驳地证实了，中国在公元前5世纪已经七声音阶，有了完善的

绝对音高的概念，有旋宫转调的能力，这些从世界音乐史、世界数学史、世界科技史、世界文明史的角度来看，都是最高级别的震撼。

后人对古代巴比伦文明的评价一直是"有音乐、有数学"，如果用这种观点来看待两千四百多年前中国的水平如此高超的青铜编钟，不得不对公元前5世纪中国所达到的文明高度进行全新的评价与考量。

（四）春秋莲鹤方壶

莲鹤方壶就是春秋战国时期铜器的一件代表作，本为一对。此壶形体巨大，堪称壶中之王。通高118厘米，重64.28公斤，1923年于河南新郑出土。现藏于北京故宫博物院和河南博物馆。莲鹤方壶主体部分为西周后期以来流行的方壶造型，造型宏伟气派，装饰典雅华美。壶颈两侧用回首龙形怪兽为耳，腹部四角各攀附一立体飞龙，圈足下有两个侧首吐舌的卷尾兽，似乎在倾其全力承托重器。构思新颖，设计巧妙。方壶通体满饰蟠螭纹，这些蟠螭纹相互缠绕，似乎努力追求一种总

体上的动态平衡。当然,方壶装饰最为精彩的是盖顶仰起盛开的双层莲瓣,以及伫立莲瓣中央的一只立鹤。仙鹤亭亭玉立,双翼舒展,引颈欲鸣,表现出清新自由、轻松活泼的感觉,形神俱佳,栩栩如生,令人叹为观止。

莲鹤方壶遍饰于器身上下的各种附加装饰,不仅造成异常瑰丽的装饰效果,而且反映了青铜器艺术在春秋时期审美观念的重要变化。郭沫若先生指出:莲鹤方壶的艺术风格已迥然有别于殷商、西周,在盖顶莲瓣中心立一张翅之鹤,全然超出了西周以上神秘凝重的氛围,显露

出清新的气息。郭沫若先生以极富文采的语言，称道："此鹤突破上古时代之鸿蒙，正踌躇满志，睥视一切，践踏传统于其脚下，而欲作更高更远的飞翔。"可以看出，他这里所描述的，既是指莲上之鹤，又归纳了春秋时代青铜礼器之总体风格与趋向。当此之时，旧的礼制迅速崩溃，新的观念正在形成。表现在青铜艺术上，也正在开创一代新风，所以郭沫若先生说莲鹤方壶"乃时代精神之象征"，标志着中国艺术风格的一个新的开端。